De: Eduardo J María
Pizarro, desde Bs. As.

Para: Lyda la
maravillosa amiga
que el señor puso en
nuestro camino en
nuestra primera (pero
no última) visita
a Birmingham, AL.

Bs. As. 19/03/00

Obra reproducida en tapa: *Jesús se aparece a las Tres Marías
(en la inicial A), Nerius (ca. 1320), Fundación Rogers.*

Edición: Lidia María Riba
Investigación literaria: Enriqueta Naón Roca

Dirección de arte: Trinidad Vergara
Diseño: Renata Biernat
Fotocromía: DTP Ediciones, Buenos Aires, Argentina

Impreso en Singapur por Pro-Vision Pte. Ltd.
Co-edición realizada por V&R Editoras, Buenos Aires
y Roto Vision S.A., Crans, Suiza

Printed in Singapur
Septiembre de 1997

Un Regalo para el Alma

V & R Editoras

Buscar a Dios

Buscad a Dios
mientras se deja encontrar
y llamadlo
mientras esté cerca.

Isaías 55, 6

Veo a Dios en los rostros de los hombres y las mujeres,
y en el reflejo de mi cara en el espejo.
Encuentro las cartas que Dios dejó caer en las calles
y cada una está firmada con el nombre de Dios.
Y allí las dejo, porque sé que adonde quiera que yo vaya,
otras llegarán por siempre jamás.

WALT WHITMAN

La religión es algo infinitamente simple e ingenioso.
En la ilimitada extensión del universo, es la dirección
del corazón.

RAINER MARIA RILKE

Porque en ti, Señor,
está la fuente de vida
y por tu luz vemos
la luz.

SALMOS 36, 9

Si permanecéis fieles
a mi palabra,
conoceréis la verdad.
Y la verdad os hará libres.

JUAN 8, 31

Una vez que aceptamos la existencia de Dios, sea
cual fuere nuestra interpretación de Él, sea como fuere
que expliquemos nuestra relación con Él, nos colmará
para siempre su presencia en el centro de las cosas.

MORRIS WEST

Mi idea de Dios está formada por la profunda
convicción emocional de la presencia de una fuerza
racional superior, que se revela en lo incomprensible
del universo.

ALBERT EINSTEIN

Todo aquello en que es posible creer
es una imagen de la Verdad.

WILLIAM BLAKE

Yo soy el pan de la vida, aquel que venga hacia mí jamás tendrá hambre y el que crea en mí, jamás tendrá sed.

JUAN 6, 35

No puedo decir "yo creo". ¡Yo sé! He tenido la experiencia de haber sido atrapado por algo más fuerte que yo, algo a lo que la gente llama Dios.

CARL JUNG

La fe tiene el poder milagroso de elevar al ser humano a la mayor de las grandezas en los momentos de conflicto.

SAMUEL J. ERVIN

Si oras al Padre que está allí,
en lo secreto, tu Padre, que ve
en lo secreto, te compensará.

Mateo 6, 6

Rezar mentalmente no es otra cosa que estar
en términos amistosos con Dios y conversar
frecuentemente con Él, en secreto.

Santa Teresa de Ávila

El silencio no es algo que hacemos, sino un lugar
al que entramos. Siempre está allí.
Hablamos de guardar silencio: sólo se guarda aquello
que posee mucho valor. Y el silencio es valioso
pues es de Dios. En silencio se realizan los actos
de Dios. Sólo en silencio puede oírse su voz.

Madre María Isabel S.

La oración en toda boca
es dulce como la miel,
como la música
en un banquete.

ECLESÍASTICO 9

La oración es la paz del espíritu, la quietud de nuestros pensamientos, el equilibrio de nuestros recuerdos, el mar de nuestra meditación, el descanso de nuestros afanes y la calma en nuestra tempestad.

JEREMY TAYLOR

La forma más poderosa de energía que el hombre puede generar es la oración. La influencia de la oración sobre la mente y el cuerpo humanos, es tan comprobable como los procesos físicos.
La oración posee una fuerza tan real como la ley de gravedad. Nos abastece con un auténtico flujo de poder para sostener la vida cotidiana.

ALEXIS CARREL

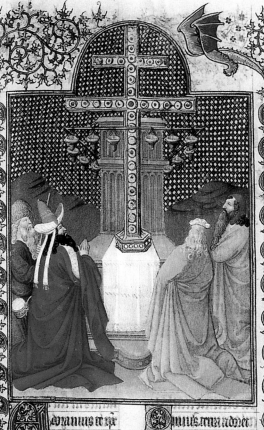

A doramus te xpe...   O mnus teus adouc
et bnidicimus   te deus plallar tibi ℣.
tibi quia per scām cruce   Et psalmum dicat
tuam redemisti mundū.   nomīi tuo

Escucha mi plegaria,
Señor y llegue hasta ti
mi clamor.

No es la cantidad
de libros que lees,
ni la variedad
de sermones
que escuchas,
ni cuántas veces
asistes a charlas
religiosas, sino
la frecuencia
e intensidad
con que meditas
sobre estos temas
lo que hará que
la verdad en ellos
llegue a ser tuya.

FREDERICK ROBERTSON

Pedid y se os dará,
buscad y encontraréis;
llamad y se os abrirá:
porque todo el que
pide, recibe;
el que busca, halla,
y al que llama,
se le abre.

Lucas 11, 9-13

No descubriremos
tierras nuevas si no
nos atrevemos a
perder de vista la
orilla durante largo
tiempo.

André Gide

Eso es la felicidad.
Quedar disuelto en
Algo muy grande
y total.

Willa Cather

Escuchadme y creced
como la rosa brota
junto a la corriente de agua.
(...) Las obras del Señor son
todas buenas y, a su debido
tiempo, El provee a toda
necesidad.

ECLESIÁSTICO 39, 12-33

Lo que sé de ciencia divina y de las sagradas escrituras,
lo aprendí en los bosques y en los prados.

BERNARD DE CLAIRVAUX

Todo es milagroso: el orden estupendo de la
naturaleza, los millones de mundos girando alrededor
de millones de soles, la actividad de la luz, la vida de
los animales. Todos son grandes y perpetuos milagros.

VOLTAIRE

Aprende a relacionarte con tu silencio interior
y recuerda que todo en esta vida tiene un propósito;
que no hay errores ni coincidencias: todos los
acontecimientos son bendiciones que nos son dadas
para que aprendamos algo de ellas.

ELIZABETH KUBLER-ROSS

Buscar
al Otro

El amor al prójimo será como
la luz matinal al romper el sol
en una mañana sin nubes;
con ese resplandor, después de la
lluvia, brota la hierba en la tierra.

2 Samuel 23, 4

El amor es al espíritu exactamente lo que el sol
es a la tierra.

HONORÉ DE BALZAC

Encuentra la semilla en el fondo de tu corazón
y recogerás una flor.

SHIGENORI KAMEKOA

El amor es el umbral por el que el alma
pasa del egoísmo al servicio y de la soledad
al concierto de la humanidad.

ANTONIA KRANTZ

Qué hermosas son sobre
la montaña, las huellas
del que trae la buena nueva,
del que proclama la paz.

Isaías 52,7

Tus actos, cuando han pasado, no pasan en realidad,
pues la obra buena es una semilla de la vida eterna.

San Ambrosio

El buen vecino mira más allá de los accidentes
externos y percibe las cualidades internas que hacen
a los hombres seres humanos y, por lo tanto, hermanos.

Martin Luther King

Mantengamos abiertos los canales para que el espíritu
humano pueda moverse libremente por entre las artes y
las ciencias. Así, entonces, seremos mejores violinistas,
científicos, artistas, escritores y, sobre todo, mejores
personas al expandir y enriquecer nuestras necesidades
personales para incluir a otros.

Yehudi Menuhin

*Dios es amor y el que permanece
en el amor permanece en Dios y
Dios en él. El que ama a Dios
ama también a su hermano.*

I JUAN, 16

Es bueno que tengas una religión o alguna creencia en particular. Pero, aun sin ellas, puedes sobrevivir si sientes amor, compasión y tolerancia.
La prueba fehaciente del amor a Dios de una persona, es su amor por sus semejantes.

DALAI LAMA

El hombre está cerca de Dios cuando está cerca de su prójimo. Si no nos aferramos a las riquezas, al egoísmo y a la codicia, estaremos más cerca de Dios.

DANIEL ORTEGA

Debes amar todo lo que Dios ha creado,
tanto al universo como al ínfimo grano de arena.
Amar a la hoja más pequeña como a cada rayo de sol.
A los animales y a las plantas. Si amas a todas las cosas,
alcanzarás el misterio divino que habita en ellas y así,
día a día, tu capacidad de percibir la verdad aumentará
y tu conciencia se abrirá a un amor que todo lo abarca.

FYODOR DOSTOYEVSKY

Aunque yo tuviera el don
de la profecía y conociera todos
los misterios y toda la ciencia,
aunque tuviera toda la fe,
una fe capaz de trasladar
montañas, si no tengo amor,
no soy nada.
El amor se alegra con la verdad,
todo lo cree, todo lo espera.
El amor no acaba nunca.

I Corintios 13

La fe debería siempre ser indoblegable
como el rayo de luz, mientras que el amor,
como el calor, debería expandirse y envolver
las necesidades de nuestros hermanos.

Martín Lutero

En lugar de permitirte ser desdichado, deja que tu amor
crezca como Dios lo desea. Busca la bondad en los
otros, ama más a más gente, ama menos personalmente,
más generosamente, sin esperar recompensa.
La recompensa llegará por sí misma.

Henry Drummon

Dominica prima in aduentu dni.
Sequentia sci euangelij: S. mathei.

I̅N illo tempore: Cum
appropinquasset ihesus
iherosolimus. et uenisset
bethphage ad montem

Buscar la Paz con Uno Mismo

Os dejo la paz, os doy mi paz.
La paz que yo os doy
no es como la que da el mundo.
Que no haya en vosotros
ni angustia ni miedo.

Juan 14, 27

No recurras al mundo. Vuelve sobre ti.
Sólo en el interior del hombre se encuentra la verdad.

San Agustín

En ningún lado puede una mente encontrar refugio
más pleno de paz ni más libre de cuidados que en su
propia alma.

Marco Aurelio

La paz os hará libres.
Y en la serenidad y la confianza
estará vuestra fuerza.

Isaías 30,15

En lo más profundo de nosotros hay un sorprendente santuario del alma interior, un centro divino, una voz que nos habla.
La vida desde este centro es una vida llena de poder.
Es serena, es maravillosa, es radiante.

R. Kelly

Mi misión sobre la tierra es reconocer el vacío dentro de mí y alrededor de mí. Y llenarlo.

Rabino Menahem

Hay un espectáculo más grande que el mar, y es el cielo. Hay un espectáculo más grande que el cielo, y es el interior del alma.

Víctor Hugo

¡Si pudiera volver a los tiempos
pasados, a los días en que Dios
cuidaba de mí, cuando hacía
brillar su lámpara sobre
mi cabeza y yo caminaba hacia
su luz por las tinieblas!

Job 29, 2

La vida es una llama y vivimos seguros gracias a un sol
invisible en nuestro interior.

Sir Thomas Brown

Familiarízate con los ángeles y obsérvalos con
frecuencia con tu espíritu pues, aun sin que los veas,
ellos están siempre junto a ti.

San Francisco de Sales

Prefiero vivir en un mundo muy vasto, donde esté
rodeado de misterios, a vivir en un mundo tan pequeño
que sólo mi mente pueda comprenderlo.

Harry Emerson Fosdick

*Poned todo el empeño
posible en añadir
a la fe, la virtud;
a la virtud,
el conocimento;
al conocimiento,
la serenidad.
Procurad consolidar
cada vez más
el llamado y la
elección de que habéis
sido objeto: si obráis
así se os abrirán
ampliamente
las puertas del reino.*

II Pedro 1, 5-11

Hay un solo rincón del universo que puedes
mejorar y está en ti mismo.

ALDOUS HUXLEY

Sé descuidado en el vestir si no hay más remedio,
pero mantén tu alma en orden.

MARK TWAIN

La sinceridad en las palabras acrecienta la confianza,
la sinceridad en los pensamientos permite la profundidad,
la sinceridad en la entrega perfecciona el amor.

LAO-TSE

Puedes cuidar a la fe sólo como puedes cuidar a una
planta: sembrándola en tu alma y haciéndola crecer allí.

PHILLIPE BROOKS

Lo que la naturaleza le ha negado a la vista
le ha sido revelado a los ojos del alma.

OVIDIO

Sé fuerte y ten coraje,
no temas ni te acobardes
pues el Señor, tu Dios,
estará contigo
dondequiera que vayas.

JOSUÉ 1,9

Dios es mi esperanza, mi descanso, mi apoyo, mi guía
y la luz que guía mis pasos.

WILLIAM SHAKESPEARE

El alma debería estar siempre alerta, lista para dar la
bienvenida a la experiencia del éxtasis.

EMILY DICKINSON

El humilde conocimiento de uno mismo
es un camino más seguro para llegar a Dios
que la más profunda investigación científica.

THOMAS KEMPIS

Buscar

la Alegría

Levántate y resplandece
porque tu luz ha llegado
y la gloria de Dios
ha amanecido sobre ti.

Isaías 60, 1

La alegría es el eco de la vida divina dentro de nosotros.

JOSEPH MARMION

La felicidad no está dentro o fuera de nosotros
sino en nuestra unión con Dios.

BLAISE PASCAL

Observad, el invierno
ha pasado, ha dejado de llover
y las flores brotan en los
campos. Ha llegado el tiempo
de las canciones y se oye
en nuestra tierra
el arrullo de la tórtola.

CANTAR DE LOS CANTARES 2, 11

Mantén la fe en todas las cosas bellas. En el sol cuando se esconde detrás de las nubes y en la primavera cuando ya haya pasado.

ROY G. GILSON

¡Abrid los ojos! El mundo está aún intacto, tan prístino como el primer día, tan fresco como la leche recién ordeñada!

PAUL CLAUDEL

El amor divino es una flor sagrada que, cuando pimpollo temprano, nos lleva a la felicidad y en su esplendor se convierte en un capullo del paraíso.

ELEANOR LOUISA HARVEY

Las estrellas de la mañana
cantaban a coro
y los hijos de Dios proclamaban
su alegría.

JOB 38,7

Dios me ha dado la risa para
que aquellos que me oigan rían
conmigo.

GÉNESIS 21,6

Una sublime esperanza regocija el corazón del que
cree pues, en otras regiones del poder universal,
otras almas a quienes podemos amar y nos aman,
están rezando por nosotros.

R. W. EMERSON

Tú rezas en tu angustia y en tu necesidad;
deberías rezar también en la plenitud de tu alegría
y en los días de la abundancia.

GIBRÁN JALIL GIBRÁN

La alegría del corazón
es la vida del hombre y el gozo
prolonga el número de sus días.
Vive ilusionado y aparta lejos
de ti la tristeza.

ECLESIÁSTICO 30, 22-23

En la alegría no sólo nos sentimos seguros,
sino que algo escapa desde nuestro ser hacia el universo,
una corriente cálida y generosa de amor.

JOHN BUCHAN

El amor es la voluntad, la voluntad de compartir
tu felicidad con todos. Ser feliz y hacer feliz,
ese es el ritmo del amor.

NASARAGADA HAMAHARAJ

La felicidad consiste en abrazar alguna vocación
que satisfaga al alma.

SIR WILLIAM OSLER

Dios es el día y la noche, invierno y verano,
la guerra y la paz, la necesidad y la saciedad.

HERÁCLITO

Obras reproducidas

Otros títulos de esta colección